Inhalt

Neuromarketing – oder die spannende Frage: Wie lässt sich das Gehirn am besten verführen?

Kernthesen

Beitrag

Fallbeispiele

Weiterführende Literatur

Impressum

Neuromarketing - oder die spannende Frage: Wie lässt sich das Gehirn am besten verführen?

Harald Reil

Kernthesen

- Das menschliche Gehirn entscheidet weniger rational, als wir uns oft eingestehen wollen. Neuromarketers machen sich das zunutze.
- Markante, ungewohnte Anker erregen viel größere Aufmerksamkeit als Reizkanonaden. Besonders effizient sind Shock-Novel-Impulse.
- Trotz großer Fortschritte der Hirnforschung

ist der Hype um Neuromarketing bei weitem nicht mehr so groß wie noch vor einigen Jahren.
- Studien mit Kernspintomographen sind aufwendig, kosten eine Menge Geld, und ihre Ergebnisse sind alles andere als eindeutig.

Beitrag

Ein von Trieben gesteuerter Fleischklops

Wie schlau ist unser Hirn? Glaubt man Neurowissenschaftlern, ist es damit nicht weit her - zumindest nicht, wenn wir als Maßstab der Schläue die Fähigkeit zu rationalen Entscheidungen anlegen. Denn das Hirn ist - böse, wenn auch nicht übertrieben weit an der Wahrheit vorbeiformuliert - nichts anderes als ein von Trieben gesteuerter Fleischklops, der sich von allem einwickeln lässt, das ihm ein paar schöne Stunden verspricht. Angesichts dieser Erkenntnisse der modernen Hirnforschung ist es kein Wunder, dass viele Marketingstrategen landauf, landab und rund um den Globus versuchen, unseren Denkapparat zu manipulieren und für ihre

Zwecke dienstbar zu machen. Oder noch klarer ausgedrückt: Sie überlegen sich Methoden, wie sie unser Hirn am besten verführen, um an das Geld in unseren Taschen zu gelangen. (1), (2), (8)

Duften allein ist nicht genug

Das Gehirn lässt sich allerdings nicht mit jeder x-beliebigen Masche übertölpeln. Wer zum Beispiel der Ansicht ist, dass wohlriechende Düfte alleine schon zum Kauf anregen, wird feststellen, dass seine Umsatzzahlen im vergleichsweise duftneutralen Ladenambiente früherer Zeiten nicht wirklich überproportional schlechter waren. Es kommt also auf die Mischung der Impulse an. Genau hier setzt die Hirnforschung ein. Mithilfe der funktionellen Kernspintomographie schauen die Wissenschaftler dem - fast ist man versucht zu sagen, unberechtigterweise so bezeichneten - Denkorgan beim Fühlen zu. Die Ergebnisse sind allerdings interpretierbar, die Forschung ist aber optimistisch, immer mehr über das große Unbekannte, das zwischen unserer Ohren sitzt, herauszufinden. Reizüberflutung, das ist eines der wissenschaftlich belegten Ergebnisse, führt nicht zu erhöhtem Kaufdrang. Statt potenzielle Kunden mit einer Vielzahl von Impulsen zu bombardieren, die das Gehirn nur in den Stand-by-Modus versetzen, genügt oft schon ein markanter Anker. (1), (3), (4), (5), (9)

Gehirnschocker als Kaufanreiz

Besonders effizient ist die so genannte Shock-Novel-Werbung, die während der 90er Jahre des vergangenen Jahrhunderts der italienische Modekonzern Benetton exemplarisch vorgeführt hat. Mit den Anzeigen, die Aids-Kranke, blutverschmierte T-Shirts, arbeitende Kinder in Drittweltländern und ölverschmierte Enten darstellten, beschäftigte sich sogar der Bundesgerichtshof, der sie verbot, und das Bundesverfassungsgericht, der das Verbot später wieder aufhob. Die Anzeigen, so umstritten sie waren, und das ist der Punkt der Hirnforscher, brannten sich aber in das kollektive Gedächtnis ein und verhalfen Benetton zu weltweiter Aufmerksamkeit. Das Hirn, so das Fazit, will starke Reize. Wer sie ihm gibt, wie zum Beispiel Neuromarketers, hat, so zumindest die Theorie, leichtes Spiel mit ihm. (1)

Kein Katzenjammer, aber nüchterner

Das Spiel ist umso leichter, wenn es bereits auf eine positive Disposition trifft. Dass Shoppen glücklich macht, werden vor allem Frauen bestätigen. Einer

Untersuchung zufolge, für die Experten von g/d/p verantwortlich zeichnen, lässt sich dieses Glücksgefühl sogar quantifizieren. Besonders das Gehirn junger Frauen scheint beim Einkauf von einem Cocktail voller Glückshormone überschwemmt zu werden, der das Shopping-Erlebnis - so scheint es - für viele in ein orgiastisches Erlebnis verwandelt. 52 Prozent dieser Zielgruppe haben nach eigenen Angaben Spaß beim Geldausgeben. Kaum verwunderlich: Modeshoppen rangiert ganz vorne auf der Beliebtheitsskala. Wenn Geldausgaben also schon per se glücklich macht, dann können Neuromarketers, die an den richtigen Stellschrauben drehen, den Geldfluss sogar noch drastisch intensivieren? Ganz so einfach ist es nicht. Die Wissenschaft hat zwar riesige Fortschritte auf dem Gebiet der Hirnforschung gemacht, aber es gibt eine ganze Reihe von Einschränkungen, die die enthusiastische Aufbruchsstimmung, die unter Neuromarketers noch vor wenigen Jahren herrschte, empfindlich gedämpft hat. Es hat sich zwar kein Katzenjammer breit gemacht, die Einstellung gegenüber den Vorzügen von Neuromarketing ist aber deutlich nüchterner geworden. (2), (4), (5), (7), (9)

Trends

Hype um Neuromarketing ist Ernüchterung gewichen

Diese Ernüchterung hat einen direkten Einfluss auf Aussagen über mögliche Trends. Wenn sogar führende Neuromarketingexperten einräumen, dass die Gehirninspektion per Kernspintomograph nicht das gehalten hat, was sie vor einigen Jahren noch versprach, wird es für diese Form des Marketings zwar sicherlich weiter Nischenanwendungen geben, mehr aber auch nicht; denn Neuromarketing ist aufwendig, die Untersuchungen im Kernspintomographen sind teuer, und die Ergebnisse lassen einen sehr großen Raum für Interpretationen zu. Dass dies allerdings nicht das letzte Wort ist, das zu Neuromarketing gesprochen ist, ist ebenfalls klar. Die Forschung bleibt nicht stehen und fördert Tag für Tag neue Erkenntnisse zutage, die Neuromarketers ganz sicherlich auch für ihre Zwecke nutzen werden. Über die Zukunft des Marketings braucht man sich mit oder ohne Neuromarketing ohnehin keine Sorgen zu machen: Dass die Branche durchaus in der Lage ist, Käufer auch ohne die Resultate der Hirnforschung wirkungsvoll zu manipulieren, beweist sie Tag für Tag aufs Neue. (4), (5), (9)

Fallbeispiele

Immer mehr Shopping-Center setzen auf Neuromarketing

Die Zeiten sind alles andere als einfach für die Betreiber von Shoppingcentern. Der Markt ist gesättigt, und auch in den Köpfen der Kunden hat sich etwas getan. Schätzten sie vor einigen Jahren noch das Einkaufserlebnis in einem Shopping-Center am Rande der Stadt, so zieht es sie mittlerweile wieder verstärkt in die Innenstädte. Außerdem ist den Centern mit dem Internet eine ernsthafte Konkurrenz erwachsen. Zu guter Letzt ist auch die Anspruchshaltung der Kunden gestiegen. Das Shoppingerlebnis alleine genügt ihnen nicht mehr, sie wollen auch unterhalten werden. All diese Faktoren zusammen bewegen Entwickler von Shopping-Center-Konzepten dazu, mehr darüber zu erfahren, wie ihre Kunden eigentlich ticken. Da dies die Spezialität von Neuromarketers ist, ist es kein Wunder, dass sich diese über einen verstärkten Zulauf freuen. (2)

Männer wollen Benzinschleudern

und keine Autos für Weicheier

NeuroSpire, ein auf Neuromarketing spezialisiertes Unternehmen, hat im Auftrag eines großen Automobilherstellers die Auswirkungen eines Commercials untersucht. Darin pries der Autobauer, der für seine PS-starken Vehikel bekannt ist, ein Modell an, das genügsam im Verbrauch ist und zudem den Schadstoffausstoß in Grenzen hält. Die Forscher teilten die Versuchsteilnehmer in zwei Gruppen ein - in Menschen, die bereits ein Fahrzeug des Autobauers besitzen und in solche, die das nicht tun. Dann maßen sie die Reaktionen der Probanden in Echtzeit. Das Ergebnis: Die Nichteigentümer reagierten negativ auf das Commercial, was die Forscher zu folgenden Schlussfolgerungen veranlasste: Will der Autobauer - vor allem wohl Männer, die bereits ein Auto der Marke besitzen - zu einem Nachfolgekauf überreden, sollten sie ihre Fahrzeuge besser mit den männlichen Attributen Stärke, Schnelligkeit und Kraft bewerben. Denn Männer fahren allen Vernunftgründen zum Trotz, so scheint es, lieber auf Benzinschleudern als auf Autos für Weicheier ab. Eine bloße Befragung, so legt die Untersuchung ebenfalls nahe, hätte dieses Ergebnis wohl nicht zutage gefördert. (4)

Bankenstrategie: Musik zum

Wohlfühlen

Dass Neuromarketing nicht nur dazu dient, Kunden zum Kauf zu bewegen, sondern auch dazu beitragen kann, dass sie sich sicherer fühlen, zeigt der Einsatz von Musik im Vorraum von Banken. Kunden, die dort spätabends Abend Geld abheben, fühlen sich weniger unbehaglich, wenn beruhigende Klänge aus den Lautsprechern tönen. (6)

Weiterführende Literatur

(1) "Schnäppchen machen kritiklos" Der Bonner
aus Bonner General-Anzeiger, 01.08.2013, S. 7

(2) Die Jagd auf den neuen Kunden
aus manager-magazin.de vom 01.07.2013

(3) Duftdesign alleine animiert Kunden nicht
LADENBAU
aus WirtschaftsBlatt, 05.08.2013, Nr. 4411, S. 18

(4) The prospects and limitations of neuromarketing: companies bring an emerging science to the art of marketing.
aus CRM Magazine (0QVE), 17 (2013) 7 page 46

(5) Die Suche nach dem Kaufknopf im Gehirn Im Interview. Hans-Georg Häusel Vorstand in der Gruppe Nymphenburg Consult AG

aus WirtschaftsBlatt, 05.08.2013, Nr. 4411, S. 18

(6) Neuromarketing Musik hilft gegen Schwellenängste
aus Die SparkassenZeitung, 19.07.2013, Nr. 29, S. 8

(7) Wachsendes Unbehagen
aus werben & verkaufen Nr. 28 vom 08.07.2013, S. 16

(8) DIALOGMARKETING Mailingtage-Konzept bewährt sich
aus acquisa, Vol. 60, Heft 07-08/2013, S. 8

(9) Is human behaviour all in the brain - or the mind? Neuroimaging is widely regarded as the key to understanding human behaviour, explaining everythingfrom criminal activity to why we vote the way we do
aus acquisa, Vol. 60, Heft 07-08/2013, S. 8

Impressum

Neuromarketing - oder die spannende Frage: Wie lässt sich das Gehirn am besten verführen?

Bibliografische Information der deutschen Nationalbibliothek

Die Deutsche Nationalbibliothek verzeichnet diese Publikation in der deutschen Nationalbibliografie; detaillierte bibliografische Daten sind im Internet über http://dnb.d-nb.de abrufbar.

ISBN: 978-3-7379-0813-9

© 2015 GBI-Genios Deutsche Wirtschaftsdatenbank GmbH, Freischützstraße 96, 81927 München, www.genios.de

Alle Rechte vorbehalten. Dieses Werk ist einschließlich aller seiner Teile – z.B. Texte, Tabellen und Grafiken - urheberrechtlich geschützt. Jede Verwertung außerhalb der Grenzen des Urheberrechtsgesetzes bedarf der vorherigen Zustimmung des Verlags. Dies gilt insbesondere auch für auszugsweise Nachdrucke, fotomechanische

Vervielfältigungen (Fotokopie/Mikroskopie), Übersetzungen, Auswertungen durch Datenbanken oder ähnliche Einrichtungen und die Einspeicherung und Verarbeitung in elektronischen Systemen.